minedition

Verlegt in der Michael Neugebauer Edition GmbH, Bargteheide

Text und Illustrationen Copyright © 2019 Yoko Maruyama
Alle Rechte, auch die der auszugsweisen Vervielfältigung,
gleich durch welche Medien, vorbehalten.
Rechte bei „minedition rights and licensing AG" Zürich
Gesetzt wurde in der Kidprint MT
Koproduktion mit Michael Neugebauer Publishing Ltd. HongKong

ISBN 978-3-86566-402-0

Bibliografische Information der Deutschen Bibliothek
Die Deutsche Bibliothek verzeichnet diese Publikation in der Deutschen Nationalbibliografie;
detaillierte bibliografische Daten sind im Internet über http://dnb.ddb.de abrufbar.
Mehr Information über unsere Bücher finden Sie unter: www.minedition.com

Yoko Maruyama
Die vergessene Kreide

minedition

Zwölf neue Kreiden warteten in ihrer neuen Schachtel gespannt darauf, wer sich für sie entscheiden würde.

Endlich wurde der Deckel geöffnet.
Ein kleiner Junge lugte durch den Spalt.
Sein Name war Lukas und er lächelte
glücklich, als er die zwölf leuchtenden
Kreiden sah.
Er durfte sie mit nach Hause nehmen.

Zuerst griff Lukas zur grünen Kreide.
Er malte damit Gras.

Dann nahm er die braune Kreide und zeichnete einen Baum.
Anschließend malte er noch ein paar Blätter und Blumen mit
der dunkelgrünen und der rosaroten Kreide.
Es war ein Frühlingsbild.

Dann legte er die vier kürzer gewordenen Kreiden zurück in die Schachtel. Sie schienen sehr glücklich zu sein.

Als der Sommer kam, öffnete Lukas die Kreideschachtel wieder.
Diesmal entschied er sich für die beiden blauen Kreiden und kritzelte
damit den Ozean, den er aus seinem Fenster sah.
Dann nahm er die dunkelblaue Kreide und malte damit das Boot
auf dem Wasser.

Er legte die beiden Kreiden, inzwischen ein wenig kürzer geworden, ebenfalls zurück in die Schachtel. Auch sie schienen sehr glücklich zu sein.

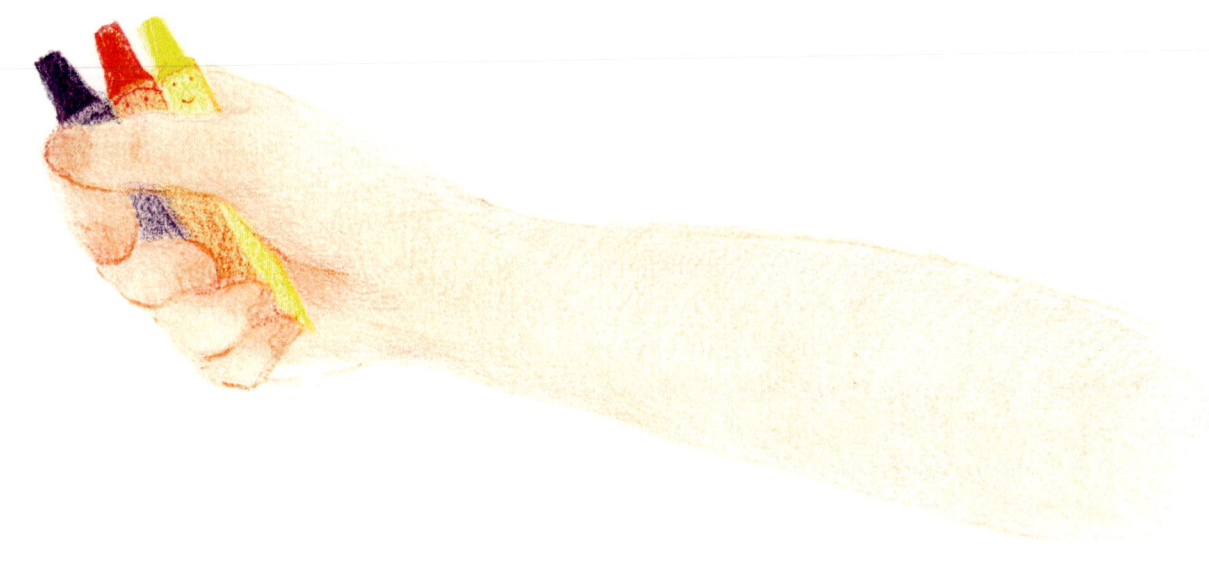

Als es Herbst wurde, öffnete Lukas wieder die Schachtel und nahm die orange, die rote, die gelbe und schwarze Kreide heraus.
Damit malte er ein großes, furchterregendes Halloween-Bild.

Auch diese vier kürzer gewordenen Kreiden legte Lukas zurück in die Schachtel. Nun waren fast alle glücklich.

So viele Bilder Lukas auch malte, nie entschied er sich für die weiße Kreide.

Eines Tages, noch vor dem Wintereinbruch, hörten die Kreiden Lukas und seine Mutter reden. Lukas wünschte sich neue Kreiden.

Die weiße Kreide war darüber sehr traurig.
Lukas hat sich nie für sie entschieden. Hat er sie vergessen?

Am Wochenende veranstaltete Lukas Familie einen Flohmarkt.

Hier

Flohmarkt

Die Schachtel mit den benutzten Kreiden wurde auch angeboten, aber niemand interessierte sich für sie.

Als es immer später und dunkler wurde,
waren die Kreiden den Tränen nahe.
Werden sie jetzt im Müll enden?

Sie hatten die Hoffnung verloren, als sich die Schachtel plötzlich öffnete und die Kreiden das Gesicht eines kleinen Mädchens sahen.

Begeistert rief es:
„Schau mal, Mama! Hier ist eine neue weiße Kreide, genau wie ich sie wollte!"

Das Mädchen hieß Olivia.
Liebevoll drückte sie die Kreideschachtel auf dem Heimweg an sich.

Olivia malte andere Bilder als Lukas. Sie begann stets mit der weißen Wachskreide. Und dann malte sie auf dem Papier mit Wasserfarben. Wasser bleibt nämlich nicht auf dem Wachs der Kreide haften, also blieb es, wo sie mit der Kreide gemalt hatte, weiß.

Wenn Olivia den Himmel malte,
wurden die weißen Punkte
zu Sternen.

Wenn sie das Meer malte,
wurden ihre Kritzeleien zu Quallen.

Sogar ein weißes Einhorn
konnte sie damit malen.

Dann fiel eines Tages der erste Schnee.

Jetzt war für die weiße Kreide die beste Zeit.

Nun waren alle Kreiden gleich glücklich!